A PARIS, *Chez la Veuve Duchene, Libraire,*
rue S. Jacques, au Temple du Goût. MDCCLXVIII.

(1)

EXPLICATION DES FIGURES.

TITRE.

*LE fond repréſente un Bocage ſoli-
taire. Sur le devant, & à l'ombre de deux
ormes unis en berceau , on voit l'autel
de l'Amitié , entouré de lierre & de
ſeps de vigne ; ſur cet Autel , brûle une
flamme douce & lente ; embléme d'un
ſentiment calme & durable. Au Panneau
eſt un Chiffre formé des lettres initiales
des noms des deux amis.*

FRONTISPICE.

*IL repréſente les deux Amis , dont
celui qui vit à la Campagne reconduit
l'autre vers la Ville , & lui montre le
ſoleil couchant , en lui diſant les quatre
Vers gravés au bas de la planche.*

A ij

ELLE repréſente un Vieillard ſor-
tant de ſa Chaumiere à la pointe du
jour : il va obſerver l'effet de la nuit
ſur ſon champ , & compte avec joie les
boutons d'un arbre fruitier qu'il a cul-
tivé.

CUL-DE-LAMPE.

C'EST un champ de roſes & d'épines ; embléme de la vie. A l'horiſon , &
dans un ciel bien pur , on voit le Soleil
ſe couchant ; image du juſte à ſa der-
niere heure.

D'un œil tranquille et sans regret
Nous pourrons voir le jour s'éteindre,
Dans le jour nous n'avons rien fait
Dont la vertu puisse se plaindre.

L'HEUREUX JOUR,

ÉPÎTRE

A MON AMI.

Dans ce délicieux asyle,
Loin du tumulte de la Ville
Et de son cahos séducteur,
Viens, Ami, goûter la douceur
D'un calme touchant & tranquille.
Tu le sçais ; s'il est un bonheur,
C'est quand l'ame plus réfléchie,
Au sein de la Philosophie,

Se voit sans honte & sans erreur.
Ce n'est que dans la solitude
Que l'homme, sort de son néant,
Se livre aux charmes de l'étude,
Et s'abandonne au sentiment :
La Raison fuit, en gémissant,
Les Palais dorés d'une Ville,
Et vient se chercher un asyle
Dans le silence de nos Champs.
Dis-moi par quels ressorts puissants,
Tout-à-coup mon ame agrandie
Est surprise de son génie,
Et se trouve de nouveaux sens ?
Est-ce le retour du Printems
Et la Campagne que j'habite,
Qui de mes esprits languissants
Etendent l'étroite limite ?
Dans vos tumultueux remparts
Mon ame respiroit à peine ;
Par-tout l'esclavage & la gêne
S'offroient à mes tristes regards.
A travers une ombre grossiere,
Et le faux-jour d'une clarté
Que je prenois pour la lumiere,
Comment trouver la vérité ?
Bercé d'erreurs & de mensonges,

Aſſoupi par l'oiſiveté ,
J'errois toujours dans de vains ſonges.

Te tracerai-je , ô mon Ami ,
Ces malheureux tems de ma vie ,
Où mon ame preſque engourdie ,
Vit & ne penſe qu'à demi ;
Ce choc orageux & terrible
Que produiſent les paſſions
Dans un cœur né vif & ſenſible ;
Ce cœur plein de ſenſations ,
Bouillant , inconſéquent , extrême ,
Souvent la dupe de lui-même
Et jouet de l'occaſion ;
Ces élans de l'ambition ;
Ces convulſions de tendreſſe ;
Ces accès d'amour , de plaiſir ,
De ſageſſe & de repentir ;
Ma joie allant juſqu'à l'ivreſſe ,
Ma triſteſſe à l'accablement ;
L'ennui , ce fléau dévorant ,
Ce monſtre né de la molleſſe ,
Dont l'haleine , flétriſſant tout ,
Sur les roſes de ma jeuneſſe ,
Souffle l'abſinthe du dégoût ;
Cette mort honteuſe de l'ame ,

Où sans énergie & sans flamme,
Flétri, languissant, abattu,
Je sens au fond de moi s'éteindre
Jusqu'au desir de la Vertu .... ?
Mais qu'ai-je besoin de te peindre
Ce cahos de maux & d'erreurs
Où flotte mon malheureux être ?
Le Ciel nous fit les mêmes cœurs :
Homme, hélas ! tu dois te connoître.
Viens contre moi me secourir :
Car, que seroient mon repentir
Et cette raison passagere,
Loin de l'exemple salutaire
Et du sein discret d'un Ami ?
Ainsi cette Vigne fragile
En plein vent, seule & sans abri,
Etendroit sa souche inutile
Et languiroit dans nos sillons :
Mais que cet Ormeau la protége,
On voit reverdir ses bourgeons ;
En vain la tempête l'assiége :
Les deux arbres toujours amis,
Joints par goût & par voisinage,
Aux coups redoublés de l'orage
Offrent leurs rameaux réunis.

TANDIS qu'ennuyés de leur ètre,
Tes fens mollement affoupis
Dorment, (& fans befoin peut-être ;)
Déja , dans nos champs rafraîchis,
La nuit avec lenteur s'efface,
Et femble à regret faire place
Au jour renaiffant qui la fuit.
Mon œil, avant le tien , jouit
Des feux dont le Ciel fe colore,
Et c'eft aux rayons de l'Aurore
Que fe rallume mon efprit ;
Quand la Nature enfin s'éveille
AMI , tu dors ; & moi je veille.
Quitte le duvet corrupteur ,
Et viens partager ma journée :
Je veux à ton ame étonnée
Montrer le Tableau du Bonheur.

PRE's de fa paifible chaumiere,
Vois ce Vieillard fexagénaire
Quittant fans peine un dur châlit,
Pour guetter ce qu'ont fait éclorre
Les tendres vapeurs de l'Aurore
Et l'humidité de la nuit.
Vois fon front qui s'épanouit
Aux doux plaifirs de l'innocence ;

Ses pois font plus verds, plus touffus,
Son bled promet plus d'abondance,
Et cet arbre un bouton de plus.....
Sans doute, heureux dans fa mifere,
Il ne voit pas hors de fa fphere,
N'imagine pas d'autre bien,
Subfifte & ne defire rien.

VIENS contempler cette prairie
Où la Nature rajeunie,
Sur un lit parfumé d'odeurs,
Se couronne d'herbe & de fleurs.
Dans cette riante peinture
Jufqu'ici mon aveugle inftinct
Ne vit qu'une tendre verdure,
La production du matin,
Qu'arrofent les pleurs de l'Aurore,
Et que bien-tôt, à fon retour,
Le Soleil anime & colore
Des feux étincelans du Jour :
Mais tout ce qu'une nuit amene,
Ce lys né d'hier, mort aujourd'hui ;
Ce gazon qui germoit à peine
Et répand l'ombre autour de lui ;
Ces boutons morts avant d'éclore ;
Cette rofe dans fa beauté

Qui ne verra pas l'autre Aurore ;
Celle-ci qui croît à côté
Des dépouilles de ſes compagnes ;
La Mort & la Fécondité
Partageant ainſi nos Campagnes ;
Aux yeux du ſage Obſervateur,
N'eſt-ce pas la touchante image
D'un monde ſéjour de paſſage,
D'illuſion & de malheur ?
Ainſi dans ce gai payſage,
Où nos ſens ne font que jouir,
Et juſques au ſein du plaiſir,
Tout devient leçon pour le Sage.

REGARDE au bas de ces côteaux
Ce Canal qui, preſque immobile,
Roule, ſans murmure & ſans flots,
Son eau tranſparente & tranquille ;
Un peu plus loin, vois ce Torrent
Se précipiter des montagnes,
Furieux, rapide, écumant,
Porter l'effroi dans nos campagnes.
Sans digues, ſans bords & ſans lit,
Ses flots, dans leur fougue incertaine,
Groſſis de limon & d'arene,
Trompant ſouvent l'œil qui les ſuit,

Cédent au vent qui les entraîne.
Dans l'un, A M I, reconnois-tu
Le calme fortuné du Sage
Qui vit au fein de la vertu,
Exempt de tumulte & d'orage ;
Dans l'autre, le flux orageux
D'une ame inquiette, agitée,
Qui, dans fon trouble impétueux,
Par les paffions emportée,
Eft le jouet de tous fes vœux.

A M I, quel fpectacle nous frappe !
O Matin ! Jour délicieux !
Prodige qui naît fous nos yeux,
Et qui fi fouvent nous échappe ! . . . .
Quelle main conduit ce Soleil ?
Vois comme, ménageant la Terre,
Il fufpend fa pâle lumiere,
Et lui prépare un doux réveil :
Vois ce lointain où l'œil s'égare,
Ebloui par mille faux-jours ;
Cette Nature toujours rare,
Quoique fe répétant toujours ;
Ce Ciel & fon vafte filence :
Rentre en toi-même, admire & penfe . . . .
Eh ! qui ne penferoit ici ?

Qu'on y porte cet Automate
Dont aucun fentiment ne flatte
Le cœur infenfible & flétri ;
Ce Riche, dont l'ame engourdie
Eft fans paffions, fans effor ;
Ce Sage, ennuyé de la vie,
Et bien plus malheureux encor,
Qui défefpere de lui-même,
Et ne penfe plus par fyftême.
Ils fentiront leurs yeux s'ouvrir
Par une magique puiffance,
Et leurs ames s'épanouir
Au doux fouffle de l'exiftence.

Mon ame ici s'occupe en paix ;
Plus active & plus étendue,
Sous un fidele point de vue
Elle s'y peint tous les objets.
Que me paroît ce Globe immenfe ?
Un prodige pour mon efprit,
Un jeu pour le Dieu qui le fit,
Et la preuve de fa puiffance.
Votre fortune & fes bienfaits ?
Un faux-jour que la mort efface,
La Ville & fes riches Palais ?
Un point dans un immenfe efpace,

Séjour de l'ennui, des forfaits,
De l'erreur & de ces regrets
Hélas ! inconnus sous le chaume.
Et l'homme enfin ? Un foible atôme,
Un malheureux individu,
De tous le plus parfait peut-être ;
Mais quand il connoît la Vertu,
Et qu'il n'avilit pas son être.
Mesuré-je cet horison ;
C'est pour moi la fin de la terre :
Ainsi, me dis-je, ma raison
Se meut dans une étroite sphere ;
Ainsi l'entendement humain
Ne peut percer dans la Nature ;
Au-delà d'un certain lointain
Il ne voit que par conjecture :
Le peuple hâlé de ces Déserts
Où, dit-on, se léve l'Aurore
Et se termine l'Univers,
Voit un autre horison encore.

Porté-je mes regards au Ciel :
Y vois-je cet ordre éternel,
Cette magnifique harmonie,
Dans tous les âges, en tout lieu,
La même & jamais affoiblie :

Tout m'avertit qu'il eſt un Dieu.

Mais ce Dieu, quel eſt donc ſon Être,

Son Séjour, ſon Culte, ſa Loi?

Où, quand & comment le connoître?

Qui peut vers lui guider ma foi?

A travers tant de faux Oracles,

D'erreurs, de ſuperſtition,

De vrais ou prétendus miracles,

Quelle eſt donc la Religion

Et la meilleure & la plus pure?....

Ah! toutes le ſont à ſes yeux,

Lorſque rien ne les défigure,

Quand c'eſt le cri de la Nature,

Du cœur & d'un cœur vertueux.

S'il ne vouloit qu'un ſeul hommage,

Un ſeul Culte, une ſeule Loi,

Il deſcendroit ſur un nuage,

Et diroit : TERRE, ADORE-MOI.

Mais pourquoi cacher cette Loi

Et me la tenir inconnue?

Pourquoi ce bandeau ſur ma vue?

Ce Ciel, entre ſon thrône & moi?....

Mortel arrête, ... Il eſt ton Maître.

Eſt-ce à toi de le définir?

Et pour l'aimer, pour le ſervir,

Qu'eſt-il beſoin de le connoître?

Regarde ce Soleil, Ami,
Il fera baisser vers la terre,
Ton œil promptement ébloui ;
Mais contemple cet hémisphere
Eclairé de son seul reflèt,
Et quand ce Jour est son bienfait,
Ose douter de sa lumiere !

Que mon ame dans son essor
Est un miraculeux problême !
Méchanisme dont le ressort
Se cache & m'échappe à moi-même !
Source féconde en volupté !
Infidelle & fragile glace,
Où l'erreur & la vérité
Tour à tour se peint ou s'efface !
Souffle pur ! écho de mes sens !
Céleste & lumineux phosphore !
Je vois, je pense, je te sens ;
Mais je te cherche & je t'ignore.
Ami, définis, si tu peux,
Par quelle secrette influence,
Ce qui se présente à nos yeux,
L'espace, les objets, les lieux,
Et la plus légere nuance
Que cet atmosphere produit,

Agissent

Agiſſent deſſus notre eſprit.
L'Air eſt-il voilé d'un nuage,
Le Ciel orageux, obſcurci :
Mon eſprit s'enveloppe auſſi.
Le Soleil chaſſe-t-il l'orage :
Mon eſprit perce & ſe dégage.
L'ardente curioſité
Me conduit-elle à ces Montagnes :
J'y domine ſur nos campagnes ;
Mon ame a plus d'activité.
Il ſemble que, loin de la terre,
Et qu'élevé hors de ma ſphere,
J'ai part à la Divinité.
Abſorbé par ma rêverie,
M'arrêté-je au bord des Ruiſſeaux :
Le bruit inconſtant de ces flots
Qui s'échappent dans la prairie ;
Leur cours rapide & tortueux,
Entraînent mon eſprit ; comme eux
Il flotte, il s'égare, il varie :
Chaque inſtant, plus capricieux,
Il prend une forme nouvelle ;
Tantôt, comme cette Hirondelle,
Dont le vol échappe à nos yeux,
D'une aîle rapide & légere
Paroiſſant meſurer la terre ;

Tantôt, comme un Aigle orgueilleux,
Elevant fon vol téméraire,
Et planant au plus haut des Cieux.

SOUVENT dans un Boccage fombre,
Par un folitaire détour,
Cherchant du repos & de l'ombre,
A la brûlante ardeur du Jour
J'oppofe un paifible feuillage ;
Mais que fert un épais ombrage
Contre les feux du tendre Amour ?
De cette folitude immenfe
Le difcret & touchant filence ;
Le Jour pénétrant quelquefois
A travers l'épaiffeur du bois,
Et dorant d'une couleur tendre
La fouche de ces arbriffeaux ;
Le Zéphir fe faifant entendre
Et fe jouant dans les rameaux ;
Cette mouffe fraîche & fleurie ;
Ces Oifeaux chantant leurs plaifirs ;
Tout porte à mon ame attendrie
Un cahos d'inconnus defirs :
Etonnant délire où mon ame
Rêve, s'agrandit & s'enflamme
Amour ! je te fens, je te vois,

Non tel qu'on te peint sur la terre,
Aveugle & traînant après toi
Le feu, la discorde & la guerre ;
Brusque & capricieux Enfant
Couronné de rose & d'épines,
Déchirant lorsque tu badines ;
Sous le nom de bonheur, versant
D'une main flatteuse & traîtresse,
L'amertume de la tristesse,
Et l'ivresse du sentiment ;
Par le seul excès de ta rage
Signalant le pouvoir d'un Dieu,
Mettant cet Univers en feu,
Et souriant à ton ouvrage :
Mais tel qu'un Être bienfaisant,
Doux, pacifique & consolant,
Fils du Ciel & de la Nature ;
Je vois ta flamme vive & pure
Embrâser l'Homme & le polir,
Adoucir le cœur du Sauvage,
Et brûler dans l'ame du Sage,
Sans la corrompre & la flétrir.
Chaste Amour ! immortelle essence !
Ainsi tu descendis des Cieux
Pour récompenser l'Innocence ;
Ainsi tu rendis l'homme heureux

Tant que l'homme fut vertueux ;
Mais la débauche & l'inconstance
T'ont fait revoler vers les Cieux :
Là, tu ris de son fol hommage,
Du culte superstitieux
Qu'il rend à ta grossiere image ;
Si tu te montres quelquefois,
C'est dans la chaumiere du Sage,
Dans la solitude des bois,
Ou dans les erreurs d'un vain songe.
Prolonge, Amour, ce doux mensonge ;
Que ton ombre, devant mes yeux,
Se répète & se reproduise,
Et qu'un jour sous mon toit heureux
Elle habite & se réalise.

L A I S S O N S ce prestige enchanteur
Et sa trop séduisante ivresse :
A M I, l'heure fuit, le jour baisse ;
Déja le joyeux Laboureur,
Mesurant la hauteur de l'ombre,
Détèle, & quitte ses travaux :
Le cor rustique des hameaux
Sous le chaume désert & sombre
Rappelle les nombreux troupeaux.
Vois sous cette épaisse feuillée

Ce groupe heureux de Moiſſonneurs :
Leurs corps ſont las de la journée ;
Mais que manque-t-il à leurs cœurs ?
Bons par goût & par habitude,
Sans ambition , ſans remords ,
Sans ces tumultueux tranſports
Que ſuit toujours l'inquiétude ;
Ils n'ont de véritable mal
Que celui qu'ils craignent de faire :
Leur ame eſt comme une onde claire
Dont rien ne trouble le cryſtal.

O TOI que l'Univers encenſe ,
Délicieuſe Volupté !
Toi qu'effarouchent l'indécence ,
La débauche au ſouffle empeſté
Ou la triſte magnificence ,
Que recherche en vain le méchant
Et qui vas au-devant du Sage ;
Toi qui préféres au clinquant
De l'eſprit , l'or du ſentiment ,
Le réduit d'un épais ombrage
Et le chaume de l'indigent
Au Dais majeſtueux d'un Thrône ;
Toi qu'un myrthe par fois couronne ,
Et plus ſouvent un ſimple épi ;

Plaisir qu'on s'efforce de feindre,
Et dont j'ai quelquefois joui,
Mais que je n'en sais pas mieux peindre;
Cet asyle est-il ton séjour?
Ici tout offre ton image:
Un simple & riant badinage
S'y mêle aux transports de l'amour.
Colin sur le sein de Colette
Repose doucement sa tête:
Touchant, mais dangereux repos
Qui dans son cœur porte l'orage!
Un regard efface ses maux,
Le rend pressant & l'encourage.
Colette soupire & se tait:
Mais ce soupir tendre & discret,
Qui, dans le milieu du silence,
Echappe à la foible innocence,
Explique bien mieux son secret
Et dit plus que notre éloquence.
Ses yeux respirent le plaisir
Qu'elle veut & n'ose connoître;
Sa bouche, où sourit le désir,
En ignore le nom peut-être.
Plus vive ou moins sensible, Iris
Réveille Lubin & l'agace,
Puis d'un pied qui ne fait pas trace

S'enfuit dans le prochain taillis.
Un jour elle courra moins vîte,
Et pour fuir Lubin qu'elle évite
Ses pas feront plus ralentis.
D'un œil où la volupté brille,
Baucis & l'heureux Philémon
Voient en fouriant leur famille
S'élever comme leur moisson ;
Ils ne craignent point la misere.
Une vertu héréditaire
Passe à leur génération.
Rois ! ce bien vaut votre héritage :
Est-on pauvre quand on est sage ?
Vois, A M I, dans ce *rond* joyeux,
Le plaisir peint dans tous les yeux,
Lorsque la caressante Lise
A ces Vieillards que l'âge épuise
Verfant un vin frais & vermeil,
Au bruit de ses chansons légeres,
Sur leurs languiffantes paupieres
Suspend le charme du sommeil.
Douce & voluptueufe image !
Vieil âge, âge d'or, âge heureux,
Qu'à la Ville on croit fabuleux,
Ainfi tu renais pour le Sage.
En vain, pour excufer fon cœur,

Le Méchant dit qu'on dégénere ,
Et que l'innocence est chimere ;
Déplorons son aveugle erreur.
Eh ! comment rendroit-il justice
A des sentimens qu'il n'a plus ?
Le dernier attentat du vice
Est de ne pas croire aux vertus.

P R O F I T O N S des dernieres heures
Du Jour expirant qui nous luit ;
Et tandis que vers nos demeures
Un pas tranquille nous conduit ,
Contemplons l'inégale teinte
Dont l'horison se rembrunit ,
La trace du Soleil empreinte
Dans les ténèbres de la nuit ,
Cet Astre au bout de l'atmosphere
Paroissant rallumer ses feux ,
Ce contraste majestueux
Des ombres & de la lumiere . . . . ,
D'un œil tranquille & sans regret
Nous pouvons voir le Jour s'éteindre ,
Dans le Jour nous n'avons rien fait
Dont la Vertu puisse se plaindre.

C'EN est fait , AMI , les objets

Se dérobent à notre vue ;
La nuit fur nos champs defcendue,
Confondant chaumiere & Palais,
A déployé fes fombres voiles.
Au jour incertain des Etoiles,
La Rufe, & les Soupçons jaloux,
Les Amours timides & doux,
Et les Plaifirs nuds & modeftes
Que l'éclat du Jour éblouit,
Le Crime & fes tranfports funeftes
Qu'une Nuit épaiffe enhardit,
La Méfiance & le Myftere
D'un pas inquiet & tremblant
Se répandent fur l'hémifphere ;
Tout s'endort, hormis le Méchant
Qui commet le crime ou le trame ;
L'Amant tranfporté de fa flamme,
Qui defire, attend, ou jouit ;
Et le Sage qui réfléchit
En donnant l'effor à fon ame.

TANDIS qu'un bruit fourd & lointain,
Ces feux & vacillans & fombres,
Ces triftes açcens de l'airain
Frémiffant au milieu des ombres,
Signaux de la mort & du temps (*),

(*) Tout ceci fait allufion aux approches d'une grande
Ville.

Vers les murailles de la Ville
Vont diriger tes pas errants ;
Ce calme attrayant & tranquille,
Heureux appanage des Champs,
Cette lumiere folitaire
Qui brille & fe perd par inftant,
La fumée épaiffe & légere
Qui couvre en nuage ondoyant
L'heureux toit de cette Chaumiere ;
Ce Ramier, ou plus vigilant,
Ou plus amoureux, foupirant
Dans l'épaiffeur de cet ombrage,
Me défignent mon Hermitage.
Là fur mes yeux un doux repos
Verfe à pleines mains fes pavots :
Souvent un riant payfage
Vient fe peindre fur mes rideaux :
Je dors de ce fommeil du Sage,
De ce fommeil pur, fans orage,
Sans furfaut comme fans effroi ;
Enfin, AMI, content de moi,
J'attends le retour de l'aurore.
Eh ! qu'ai-je à defirer enfin,
Quand j'ai fait un pas vers le bien
Et le projet d'en faire encore ?

PUISSENT, ô mon AMI, mes fens,
Brûlants d'une plus douce flamme,
N'être bientôt plus de mon ame
Que les refforts obéiffants;
Cette ame, dans fon équilibre,
Sans ivreffe, mais fans langueur,
D'un pas majeftueux & libre
Aller au-devant du bonheur!
Puiffe, à l'automne de ma vie,
Dans cet Hermitage riant,
Mon ame pure & rajeunie
S'abandonner au fentiment,
Poffécer un Ami fidele,
Dont l'efprit encore étincelle
De la chaleur des paffions;
(On aime à voir, après l'orage,
S'allumer dans un beau nuage
L'Eclair en lumineux fillons ;)
Une Femme à l'été de l'âge,
Qui dans le monde ait peu vécu,
Dont le fein confolant & fage
Serve d'afyle à ma vertu,
Qui foit moins vive que touchante,
Inftruite fans être favante,
Pénétrante fans fauffeté,
Plus intéreffante que belle :

Que fur fon cœur tendre & fidele
Mon ame avec fécurité
Se tranquillife & fe repofe ;
Que fes heureufes mœurs enfin
Ayent l'odeur de cette rofe
Qui s'ouvre aux rayons du matin.
Puiffe à ce bonheur trop ferein
La Capricieufe Fortune
De quelques inftans d'infortune
Mêler les utiles leçons !
Ainfi quelquefois les tempêtes
Du Soleil qui luit fur nos têtes
Tempèrent les brûlants rayons.
Puiffent mes yeux encor répandre
Ces pleurs délices d'un cœur tendre,
Et remplis d'un charme fecret,
Ces doux pleurs que verfe le Sage
Sur les malheureux qu'il foulage,
Et fur les maux qu'il n'a pas fait !
Puiffé-je, dans un doux filence,
Au bien me livrant tout entier,
Ne rien haïr, rien envier,
Faire le bien fans récompenfe,
Par goût fuir le vice, n'avoir
De juge que ma confcience,
Et de plaifir que mon devoir ;

Être enjoué fans phrénéfie,
Sérieux fans mifanthropie,
Plaindre les maux du Genre-humain,
Former des vœux pour ma Patrie,
M'intéreffer à fon deftin,
Attendre la mort fans la craindre,
Et la recevoir fans me plaindre,
Terminer ma carriere enfin
Sans repentir & fans orages;
Ainfi qu'un beau Soleil d'Été,
Qui s'éteint avec majefté
Dans un horifon fans nuages.

F I N.

APPROBATION.

J'Ai lu, par ordre de Monseigneur le Chancelier, un Manuscrit qui a pour titre : l'*Heureux Jour*, *Epître à mon Ami* ; & je n'y ai rien trouvé qui puisse en empêcher l'impression. Au Château de Vincennes, le 7 Juin 1767.

PONCET DE LA GRAVE.